Inhalt

Exchange Traded Funds - wie ein Erfolgsprodukt sich selbst zu Grunde richtet

Kernthesen

Beitrag

Fallbeispiele

Weiterführende Literatur

Impressum

Exchange Traded Funds - wie ein Erfolgsprodukt sich selbst zu Grunde richtet

Gerhard Dengl

Kernthesen

- Wenn es überhaupt ein Anlageprodukt gibt, das von der Finanz- und Bankenkrise profitiert hat, dann sind das Exchange Traded Funds - Fonds, die einfach einen bestimmten Index nachbilden.
- Der Erfolg zieht viele Nachahmer und Trittbrettfahrer an. Das eigentliche Verkaufsargument, die Einfachheit und Transparenz des Produktes, wird dabei zunehmend ausgehöhlt. Immer neue

Varianten kommen auf den Markt, die zwar das Label "ETF" nutzen, de facto aber kaum noch etwas mit der Ursprungsidee zu tun haben.
- Marktteilnehmer beklagen die zunehmende Komplexität und Intransparenz, Aufseher befürchten zu Recht das Entstehen des nächsten Schattenmarktes, allein die Fonds-Anbieter selbst erkennen keinen Handlungsbedarf.

Beitrag

ETF - ein Erfolgsprodukt verliert seine Unschuld

Bereits Mitte letzten Jahres zeichnete sich ein neuer Star am Börsenhimmel ab: Exchange Traded Funds (ETF) - also Fonds, die die Entwicklung eines bestimmten Index, zum Beispiel die des DAX, einfach nachbilden. Gerade in der Einfachheit und Transparenz des Produktes ETF liegt wahrscheinlich dessen Erfolgsgeheimnis. Einige Zahlen zur Veranschaulichung: Seit Jahresbeginn bis Ende April stieg weltweit das in ETFs gebundene Vermögen auf 1 469 Milliarden Dollar. Die Zahl der ETFs stieg in diesem Zeitraum auf 2.670 Produkte weltweit. (4)

Wie bei vielen Anlageprodukten vor dem ETF - an dieser Stelle seien Derivate, Zertifikate und selbst der Pfandbrief genannt - zeichnet sich nun auch hier eine voraussehbare Entwicklung ab. Sobald ein Produkt vom Markt angenommen wird, steigt die Zahl der Trittbrettfahrer, Nachahmer und schlicht derer, die nur das erfolgreiche Label nutzen möchten, um ganz andere Produkte zu verkaufen. Diese Entwicklung steht den ETFs nun ebenfalls bevor, und die ersten deutlichen Anzeichen dafür sind bereits zu erkennen. (6)

Aktives versus passives Management

Unter den vielen Varianten und Erweiterungen von ETFs ist die Abwendung vom passiven und die Hinwendung zum aktiven Fonds-Management mit die bedeutendste. Ursprünglich sollten ETFs nur einen bestimmten Index nachbilden. Das bedeutet, dass die Arbeit des Fonds-Managements sich lediglich darauf beschränkte, das beauftragte Volumen durch Kauf und Verkauf sicherzustellen. Dies wird als passives Fonds-Management bezeichnet und ist wenig spannend, dafür aber hochtransparent. Diese Transparenz schafft Vertrauen und ist sicher einer der Hauptgründe für den Erfolg des Produktes. Doch der Erfolg frisst sich auch hier selbst, denn über ein solches Produkt können Anbieter untereinander nicht gut konkurrieren, denn es wäre bei jedem Anbieter identisch. So kam man auf die Idee, dem passiven Management nach und nach immer mehr aktive Elemente hinzuzufügen. Als Folge geht der eigentliche Zweck des Produktes - das einfache Nachbilden eines Indexes - verloren. (8)

Außen: ETF - Innen: Risiko

Im Zuge des Erfolgs des Kürzels "ETF" schmücken sich zunehmend auch ganz andere Produkte damit. So gibt es etwa Exchange-Traded Commodities (ETCs), die die Wertentwicklung von Rohstoffpreisen abbilden. Diese Produkte zählen aber nicht wie Fonds als Sondervermögen, das im Insolvenzfall des Emittenten geschützt ist. Sie ähneln rechtlich gesehen den Zertifikaten. Ähnlich sieht es bei Exchange-Traded Notes (ETNs) aus, die Aktien-, Anleihe- oder Devisenkurse abbilden. Besonders die komplizierten Transaktionen bei Short- und Leverage-ETFs geben Anlass zur Sorge. Diese Fonds spekulieren auf fallende Kurse beziehungsweise bilden die Wertentwicklung vervielfacht ab. Hier lauern ähnliche Risiken wie allgemein bei gehebelten Produkten. (2)

Trends

Hallo, Vielfalt - Ade, Transparenz

Das Potenzial, das im Augenblick in dem Kürzel ETF steckt, will sich kein Anbieter entgehen lassen. Bliebe man beim schlichten Nachbilden eines Indexes, so ließe sich aber gegenüber Kunden nicht mit den Vorteile des eigenen Produktes im Vergleich mit denen anderer Anbieter argumentieren. Der Wettbewerb zwingt die Anbieter, laufend neue Varianten hervorzubringen. Wenngleich der Wettbewerb an sich zu begrüßen ist, so ist es die aktuelle Situation nicht. Es gibt bereits viel zu viele ETFs auf dem Markt, und der Aufwand, sie alle zu vergleichen und das richtige Produkt auszuwählen, ist ungeheuer groß geworden. Selbst Profis bemängeln, dass es viel zu viele nahezu ähnliche Produkte gibt, die sich nur im Detail unterscheiden. Der allgemeinen Wahrnehmung des Produktes schadet die Vielfalt eher, da es zunehmend nur noch für Profis attraktiv sein dürfte, ganze Analyseabteilungen zu beschäftigen, um geeignete Produkte ausfindig machen zu können. (1)

Aufseher besorgt über

Entwicklung

Dass die Komplexität der Produkte steigt und darunter die Transparenz leidet, besorgt auch die Bankenaufseher des Financial Stability Board (FSB). Sie warnen davor, dass von den Indexfonds Risiken für die Stabilität des Finanzsystems ausgehen könnten. Die jüngste Vergangenheit hat mehr als einmal gezeigt, dass eine steigende Intransparenz in einem Marktbereich früher oder später zur Entwicklung einer Blase führt, die irgendwann platzt. Sie hinterlässt einige wenige, die dabei ihren Schnitt machen, die negativen Folgen hat dagegen meist die Allgemeinheit zu tragen. Man denke nur an die Subprime-, die Banken- oder die Griechenlandkrise. Dasselbe Szenario wird nun für ETFs befürchtet. Immer mehr Gelder fließen in ein vermeintlich sicheres Produkt, und der Herdentrieb kommt erneut in Gang. Die Aufseher kommen sich derzeit vor wie Kassandra aus der griechischen Mythologie: eine tragische Gestalt, die das Unglück voraussah, aber kein Gehör fand. (5), (7)

Fallbeispiele

Passive Strategie kann auch schief

gehen

Zu den Lieblingsprodukten der Indexfonds-Anbieter zählen derzeit Dividenden-ETFs. Die Fonds bilden Indizes nach, die Titel ausschüttungsstarker Unternehmen enthalten. Zuletzt gab etwa die Deutsche-Bank-Tochter DB X-Trackers bekannt, bald einen ETF auf einen asiatischen Dividendenindex anzubieten. Branchenkenner kritisieren aber, dass sich Dividendenstrategien überhaupt nicht dazu eignen, mit passiven Anlageinstrumenten umgesetzt zu werden. Dividendentitel sind hochliquide und werden deshalb in Krisenzeiten besonders schnell und in großer Menge ge- und verkauft. Fallen die Kurse, stürzen Dividendenindizes deshalb hoffnungslos ab. Das zeigte sich auch in der jüngsten Krise: Dividenden-ETFs schnitten deutlich schlechter ab als viele aktiv gemanagte Fonds, die dieselbe Strategie verfolgen. (2)

Branche weist Kritik der Aufseher zurück

Die Aufseher kritisieren an den aktuell im Umlauf befindlichen ETFs vor allem folgende Punkte:

- Viele ETFs bilden die Performances ihrer

Basisindizes nicht durch den Bestand der entsprechenden Wertpapiere in den Portfolios ab. Stattdessen vollziehen sie die Wertentwicklungen über Swap-Geschäfte mit anderen Marktteilnehmern nach. Problem: Der Ausfall dieser Marktteilnehmer stellt ein weiteres Risiko dar.

- Daneben nutzen viele Anbieter Wertpapierleihgeschäfte. Dadurch können ähnliche Risiken wie bei Swap-basierten Fonds entstehen. Der Branchenverband weist diese Kritik zurück, da diese Techniken in der Fondsindustrie verbreitet sind und damit keine ETF-spezifische Besonderheit darstellen.

Die europäische Fondsbranche verteidigt ETFs gegenüber der Kritik des Finanzstabilitätsrates (FSB). Die European Fund and Asset Management Association (Efama) weist darauf hin, dass die ETFs durch die EU-Investmentrichtlinie Ucits (Undertakings for Collective Investments in Transferable Securities) bereits harten Limitierungen unterliegt. (3)

Weiterführende Literatur

(1) Komplizierte Konstruktionen Immer mehr Anbieter, immer ausgefallenere Produkte und Strategien - Beobachter mahnen Anleger zur Vorsicht aus Financial Times Deutschland vom 01.06.2011,

Seite 1SA01

(2) Dividenden-ETFs hinken hinterher Nicht alle Investmentstrategien eignen sich dazu, per Indexfonds umgesetzt zu werden. Wo die Grenzen der passiven Produkte liegen, ist jedoch umstritten
aus Financial Times Deutschland vom 01.06.2011, Seite 4SA04

(3) Fondsbranche weist Kritik an ETF zurück Europäischer Verband verweist auf Richtlinien
aus Börsen-Zeitung, 25.05.2011, Nummer 100, Seite 4

(4) ETF verzeichnen Rekordzuflüsse im April Anleger investieren 25 Mrd. Dollar in Indexfonds
aus Börsen-Zeitung, 12.05.2011, Nummer 91, Seite 2

(5) Die ETF-Branche kämpft um ihren Ruf
aus Frankfurter Allgemeine Zeitung, 12.05.2011, Nr. 110, S. 17

(6) Dividenden inklusive ETFs
aus Capital vom 01.05.2011, Seite 131

(7) Indexfonds bekümmern Stabilitätsrat Internationales Gremium sieht Risiko für Finanzmärkte
aus Financial Times Deutschland vom 13.04.2011, Seite 19

(8) Ein starkes Duo Lieber aktiv oder passiv investieren? An der Frage scheiden sich die Geister. Dabei geht es auch wunderbar zusammen

aus Financial Times Deutschland vom 01.06.2011,
Seite 2SA02

Impressum

Exchange Traded Funds - wie ein Erfolgsprodukt sich selbst zu Grunde richtet

Bibliografische Information der deutschen Nationalbibliothek

Die Deutsche Nationalbibliothek verzeichnet diese Publikation in der deutschen Nationalbibliografie; detaillierte bibliografische Daten sind im Internet über http://dnb.d-nb.de abrufbar.

ISBN: 978-3-7379-0509-1

© 2015 GBI-Genios Deutsche Wirtschaftsdatenbank GmbH, Freischützstraße 96, 81927 München, www.genios.de

Alle Rechte vorbehalten. Dieses Werk ist einschließlich aller seiner Teile – z.B. Texte, Tabellen und Grafiken - urheberrechtlich geschützt. Jede Verwertung außerhalb der Grenzen des Urheberrechtsgesetzes bedarf der vorherigen Zustimmung des Verlags. Dies gilt insbesondere auch für auszugsweise Nachdrucke, fotomechanische

Vervielfältigungen (Fotokopie/Mikroskopie), Übersetzungen, Auswertungen durch Datenbanken oder ähnliche Einrichtungen und die Einspeicherung und Verarbeitung in elektronischen Systemen.